JN418172

동인

■ □ 小亭문학 *통권 제34호* 앤솔러지

동인
同人

月刊文學 출판부

| 서시 |

그물을 비껴간 바람을
숲으로 숨어든 소리를

찾아 나선 지 어언 13년,
문화가 있는 수요일이면
파란장미를 피우려 모였다
뒷모습이 청아한 '소정문학동인'

창을 열고 노래를 내보낸다
절창(絶唱)이 아닌들 어떠랴

동인들이 부르는 노래가
물안개 아득한 나무숲을 흔들고
절집 풍경(風磬)의 눈물을 씻어 준다면
더할 나위 없겠다

2020년 새해, 백악산방에서
小亭 안재식

* 소리를 모아 만든 원숙희 동인, 월간문학 출판부에 고마움을 전한다.

소정 안재식

- 1985년 작품집 『꽃동네 아이들』로 등단, 한국문인협회 편집위원, 국제PEN 한국본부 자문위원, 한국현대시인협회 이사, 한국아동문학회 지도위원, 중랑작가협회 회장, 한국녹색문학회 회장, 중랑문학대학 학장
- 일간스포츠 선정 대한민국 혁신한국인(2014년 문화예술부문)
- 동아일보 선정 Power Korea & Top Leader(2014년 문학부문)
- 환경부장관(문학부문) 표창, 한국문학작가상, 한국아동문학창작상 등 수상
- 시가곡 〈그리운 사람에게〉 등 17곡
- 저서 『야누스의 두 얼굴』(1996년 한국간행물윤리위원회 선정 권장도서) 『아낌없이 주는 지구』(1998년 환경부 선정 우수환경도서) 『설화에게 길을 묻는다』(2012년 한국아동문학작가상 수상작) 등 20여 권

E-mail : green21an@hanmail.net

소정문학동인은,

2007년 설립된 서울 중랑문화원 부설 중랑문학대학에서 소정 안재식 선생님의 문학 수업 지도로 문림에 등단한 시인·작가들의 모임입니다.

그동안 통권 34호까지 동인지를 발행하였고 25회에 걸쳐 문화가 있는 수요일에 '시가 흐르는 수요낭독회'를 여는 등 정기적으로 꾸준하게 활동하고 있습니다.

'3%의 소금이 바닷물을 정화하듯 말보다는 좋은 작품이 세상을 구원한다'는 소정 선생님의 문학정신을 바탕으로 치열한 작품세계를 지향하는 동인들의 걸음에 따뜻한 관심을 바랍니다.

차례

김 현 숙

내게 시란?

험난한 길을 걸으며
쉬어 갈 단비 같은
나무,
언제든 기댈 수 있는……

발표작품

- 강남의 하루하루
- 그리움의 사과나무
- 시인의 길
- 꽃망울 터질 듯한 가슴으로
- 달빛 파도에 실은 마음
- 가을빛 좋은 날인데
- 꿈의 학교

김현숙

서울 출생. 아호는 안호. 2012년 월간 『문학세계』(시) 등단. 중랑문학대학 제5기 졸업. 소정문학동인 사무국장, 한국문인협회 한국문학사편찬위원회 위원, 한국현대시인협회·중랑작가협회·문학세계문인회 회원. 2016 서울지하철게시용 시민詩 공모 당선. 2013—2015 중랑청소년 및 구민백일장 심사위원. 동인지 『꿈의 학교』 『한국시인대표작·1』 外 다수.

E-mail ; gusqueen@naver.com

강남의 하루하루

지난밤 못다 태운 피로를 달고
어두운 터널
칼바람으로 파고 나와 남쪽으로 간다
사는 게 뭔지
살기 위해 걷어 올린 3막 2장
인연 따라 강남으로 옮긴 일터
조기 출근이 서툴다
사각의 빌딩 떼 틈새로
고개를 꺾어야 보이는 희뿌연 하늘
그 위에 나의 무거운 하루를 얹힌다
긴장한 탓인가
예민한 시간은 진종일 가슴을 휘젓건만
3막 2장은
오늘도
내 몸을 불사르라 재촉한다

그리움의 사과나무

그리움이 깊으면
저리도
고울까

붉디붉은 껍질 속에
하얀 속살
참! 곱다

성근 햇빛 안았을 테지
말간 달빛 품었을 테지
무서리 같은 사랑까지도
삭이고 삭힌 그리움
아삭아삭 채운 거야

가지 끝에
기다림 한 자락
밝힌 거야

시인의 길

일과 아이들 그리고 꿈
어느 것 하나 놓치지 않고
동행해야 하는 내 몸은
밤이면 밤마다 이곳저곳에
신열을 올리며 고장 신호를 보낸다
아린 뼈마디, 부은 손발
제 살을 깎아내는 고통에도
쉬이 잠들지 못한다
사전을 손끝에 달고 상상을 넘나들며
나를 끄집어내어 채워가는 노트,
영글지 않은
모래알처럼 부서지는 낱말들을 붙잡으려
무심코 지나가는 바람 소리도
가슴을 후려내는 빗소리도
창문에 걸터앉은 달그림자도
불러 모으고 모아
별이 되려는 내 노트에
빼곡하게 자리 잡는다
그건 분명 나를 지탱하는
꿈에 그리던 시인의 길

꽃망울 터질 듯한 가슴으로

봄비가 마음을 헤집는 밤
가위 눌린 듯 답답하여
우산 하나 챙겼으나
비에 젖은 가련한 꽃잎
가로등 사잇길
골목골목 세어 봅니다

울컥 붉어지는 눈시울
하늘이 무너져도 솟아나려
나비 날갯짓 따라
깊은 상념 너울대고
어둠 고이 잠들 때까지
꽃망울 터질 듯한 가슴으로
꽃비에 마냥 젖어듭니다

달빛 파도에 실은 마음

오월, 바람의 나라 오만

사막 끝자락 바닷가에 만조의 파도 어둠이 내리고 붉은바다 거북 달빛을 등불삼아 500kg 산통, 힘겨운 몸짓으로 천적인 달랑게 모래탑을 헤집는 퀭한 눈의 이슬은 모성이다

누가 볼세라 깊고 넓은 모래방에서 한두 시간 눈물 흘리며 열렬한 산고를 붙잡는다 이내 조리도 못한 채 멀리 떨어진 곳에 거짓 알집을 꾸미고 초췌한 몸, 새벽 바다로 향한다 두어 달 지난 후 여린 발자국들 귀환을 빌고 빌며

오로지 생존의 세습 하나로 험난한 삶 포기하지 않으니 새끼를 위하는 맘 비단 거북뿐이랴

모든 어미의 아픔인 것을, 모래사막 검은 파도 찡하게 저려오는 빈 가슴 할퀴고 지나간다

가을빛 좋은 날인데

태풍의 위력도 잠시
살 꼬집는 햇살 씻어주는 설렁한 밤비에
그리움 짙은 단풍의 미소가
물감 번지듯 펴지고

구름이 손 댄 옥빛 바다엔
봉곳한 가슴 같은 홍시가 발그레 물들며
철새들의 환호가 비행하는
가을빛 시리게 좋은 날

길가의 들꽃처럼 살아온
내 몸에 황량한 겨울 모래바람이 일 듯
혈(血)을 타고 휘돌아 서걱거리는
바람이 길을 묶는다

꿈의 학교
—소정문학회

오십 넘어
장처럼 오래 묵혔던 꿈
이루고 싶은 학교를 가졌네

원치 않은 세찬 파도에
살기 위해 일하면서
우연과 필연이 버무려져 만난
꿈의 문학

열강하시는 스승님과 꿈나무들
한 주도 빠짐없이
눈길 부딪히며 가슴 맞댄
열열공 끝에 마침내 등단

흐트러지고 흔들리는 마음도
동아줄로 단단히 잡아매듯 가다듬고
꿈 따라 즐거이 행복 나누는 학교
내 마음 힐링(healing) 하러
간식 챙겨 집을 나서네

문연자

내게 시란?

이제 막 돌 지난 아가의
뒤뚱뒤뚱 걸음마처럼 서툴고 두려운
그러나 신비로움의 시작
넘어져도 다시 일어나
걷고 또 걷다보면
뜀박질도 할 수 있는 날이 오는
기어코 한 번 날아보고 싶은……

발표작품

- 눈물꽃
- 버려지는 것에 대하여
- 아버지의 사랑 세포
- 연꽃 비밀
- 폭설
- 크리스마스에
- 총각무

문연자

경기 옥천 출생. 아호는 안별. 2012년 월간 『문학세계』(시) 등단. 중랑문학대학 제5기 졸업. 소정문학동인 홍보국장, 한국문인협회 한국문학사편찬위원회 위원, 한국현대시인협회·중랑작가협회·문학세계문인회 회원. 2013-2015 중랑청소년 및 구민백일장 심사위원. 2015 세계문학상 시부문 본상 수상. 동인지 『폭설』『한국시인대표작·1』 外 다수.

E-mail ; 97712m@hanmail.net

눈물꽃

추운 날은 덥다 하고
더운 날은 춥다 하는
어머니는
아침마다 한 살씩 나이테를 지운다

고양이처럼 살그머니 다가와
책상 위에 요구르트를 놓고
그림자처럼 사라지는
백발의 아기

제발 혼자 드시라고 내놓은 딸기
그걸 주머니에 넣고 자식들을 부른다
빨간 물이 짙게 배인 주머니를 펼치며
열없는 색시처럼 짓는 미소

받는 걸 잊었나
주는 것만 기억하는
해질 무렵 산마루에 서성이는 노을 같은
어머니 마음에 솟아나는 눈물꽃

버려지는 것에 대하여

작년 늦가을부터
베란다를 차지한 감자에게
봄볕이 다가왔다
속살대며 꼬드겼는지
쪼글쪼글 주름진 몸에
연노란 싹이 뾰족뾰족 돋아났다
그가 이루고 싶은 꿈
탱탱하게 부풀어
새 생명 무수히 잉태하던
거름 준 흙내음이 그리워
씨감자로 돌아가고 싶은 태초의 몸짓,
지나친 과욕으로
이어달리기 하는 생명의 젖줄을 끊어버린
나에게 보내는 원망의 눈짓이다

아버지의 사랑 세포

겨울 아침이었네
곱슬머리 딸은
아버지가 군불로 덥힌
묵직한 사랑물로
머릴 감고 학교엘 가네
어설픈 딸내미 머리 감기에
입술로 문 담뱃불 비벼 끄곤
큰 손으로 서너 번
찰랑찰랑 헹궈주셨네
손끝으로 몰린 사랑 세포
뇌혈관을 점령,
—열다섯 살에도 아버지가 머릴 감겨주셨다
두고두고 자랑하네

연꽃 비밀

세미원 연잎들
초록양산 펼치고 물밑 작업
젖지 않는 꽃 피우기
씨앗 세우기
햇살 몰래 바람 몰래
구름도 몰래
속살 뽀얀 줄기에
비밀 통로 내기

폭설

눈가루 비스듬히
흩날릴 때 숨은 바람을 본다
미세먼지가 무거웠나
눈가루는 금세 녹고
함박눈 꽃송이들이 달려든다
소나무 벚나무 온 동네
무엇에게나,
눈 속으로도
마구 눈이 내리는데
내 맘은 더 많은
많은 폭설을……

크리스마스에

혼자가 아닌데 혼자인
외딴섬

아침이 오고 저녁이 가고
쓸쓸할 날 많은
공휴일

오늘은 한 살씩 젊어지는 마법에
빠지고 싶은 날

총각무

텃밭 다독다독
흙은 자꾸만 손을 만진다

한 주 지나 양쪽 날개 달린 총각
지구를 들어올리려는 기세

바람도 햇볕도 함께 삼키며
어른이 되어가는
천사백여의 시간

박 영 재

내게 시란?

시란, 마음 밭에서 끌어 올린
맑은 샘물과도 같은 것
깊으면 깊을수록 우러나는
찐한 멸치국물이다

발표작품

- 겨울밤
- 마음 벽
- 어머니 가신 날
- 고독
- 장독대
- 어머니 말씀
- 설날

박영재

충북 음성 출생. 아호는 안솔. 2014년 월간 『문학세계』(수필) 등단. 2015년 월간 『국보문학』(시) 등단. 중랑문학대학 제6기 졸업. 소정문학동인 홍보간사, 국보문학 상임위원, 문학세계문인회 회원, 백세신문 남양주 리포터기자. 방송통신대학 국어국문학과 졸업. 동인지 『내 마음의 숲』 外 다수.

E-mail ; gamilra303@hanmail.net

겨울밤

외양간 황소 방울소리 딸랑딸랑
겨울밤 기나긴 적막을 깨고 건너오면
돌아누우며 한숨짓던 어머니

아련히 떠오르는 그 모습
가만가만 스며들듯 나를 깨우고
초겨울 한기는 구석구석 파고든다

집 나간 아들 걱정에
따순 밥도 따순 방도
눈물어려 아파하던 어머니

지금은 떠나고 없는 빈자리가
풀지 못한 숙제처럼
내 가슴을 황량한 벌판으로 내몬다

마음 벽

세상의 눈으로 보면
채워지지 않는 그릇에
지치고 지쳐서 허덕이고 삽니다

하늘의 눈으로 보면
넘치고 넘쳐서 나눌 수밖에 없습니다
사랑이 넘칩니다

세상의 눈으로 보면
미움만 보이고 교만과 욕심만
보이는 것이

하늘의 눈으로 보면
사랑이 보이고 겸손과 양심도 보였습니다
아아, 그때 나는 알았습니다

하느님을 믿는다는 것은
하느님의 눈과 마음으로
세상을 바라보는 것임을

어머니 가신 날

마지막 가시던 날,
한여름도 춥다는 냉동고에
어머니 모셔놓고 가슴을 치네
자식들 목이 터져라 불러도 대답 없고
굳어버린 기역자 무릎 관절
주물러도 주물러도
펴지지 않아 애태우네
마지막 얼굴 보려고 모두 모여
삼베옷 곱게 차리고 떠나실 준비하니
그제야 온몸 기지개 펴며
나는야, 간다 간다
이 세상 모든 것 훌훌 벗어 던지고
새처럼 훨훨 날아
다시는 올 수도, 볼 수도 없는 길을
떠나시는 어머니

고독

먹어도 먹어도
채워지지 않는 허기는
마음이 비었기 때문

등대고 살면서도
밀려오는 그리움
나를 우울하게 하는데

잡지 못할 그림자에 이끌려
터벅터벅 걷다보면
눈물이 나네요

잴 수 없는 무게에
마음이 힘든 날
왜, 왜, 하면서 하늘을 봅니다

장독대

양지바른 앞마당에
줄지어 사는 옹기가족
나란히 나란히

배불뚝이
홀쭉이
길쭉이
앉은뱅이 모여 오손도손

따스한 봄날에
할머니 손에 봄단장하고 나면
점박이 못난이도 반짝반짝

어머니 말씀

입이 닳도록 몸조심하라던
어머니 말씀
장성한 아이들에게
이제는 내가 하고 산다
듣는지 마는지

몸조심하라 하실 때
몸조심하고 살 걸
아프다는 말을 달고 사는
내 모습을 보니
괜한 말이 아니셨는데

지나간 세월 앞에
휩쓸려 살아온 내 삶이
고스란히
성적표로 남았다
좀 더 귀담아들을걸!

설날

흰 고무신 옥빛 나도록 닦아
댓돌에 세우고
놋그릇 광내고 나면
시작되던 어머니 명절
대목장날 곡식 자루 머리에 이고
시오리 산길을 넘어가면
어느덧 뉘엿뉘엿 해 기울고
동네꼬마들 모여 장마중 나서면
앞서거니 뒤서거니 시끄럽다
요기도 못하고 오셨을 어머니
허기진 배는 보이지 않고
열두 식구 장보따리만 궁금하다
설날 되니 그리운 어머니,
어머니 오시던 길 그 길 따라
낼모레 장마중 떠나볼까
설빔도 세뱃돈도 장만하고 가면
나를 마중 나와 주시려나

배 상 삼

내게 시란?

내가 태어나서
오늘날까지 살아오는 동안
삶의 사실에 근거하여
느낌을 최대로 부각시키고
추상적인 관념을 탈피,
안 보이는 것은 보이는 것으로
안 들리는 것은 들리는 것으로
형상화하여 가장 쉬운 문장으로
독자들에게
진한 감동을 주고 싶다

발표작품

- 냉장고
- 사랑하는 딸
- 늙음의 아쉬움
- 인연
- 맞잡은 손
- 가을
- 누에꽃

배상삼

경남 함양 출생. 아호는 감우. 2014년 월간 『문학세계』(시) 등단. 중랑문학대학 제7기 졸업. 세계문인협회 이사, 소정문학동인·문학세계문인회 회원, 동아대학교 경영학과(회계)졸업. 서울대학교 경영대학원(국방부 위탁교육)수료. 육군사관학교 교관 및 교수 역임. 국회사무처 서기관 역임. 태평양종합화학 기획상무. 유신사무관 제1기 임관. 2016 문학세계문학상 시부문 본상 수상. 동인지 『인연』 外 다수.

E-mail ; bae400810@daum.net

냉장고

다섯 식구와 사십 년 동안
한 가족으로 지내온 냉장고
먼 옛날 꼬마 삼 남매 푸념 다 받아주고
거실에 웃음꽃 넘칠 때
심한 이명(耳鳴)에 시달렸다
열고 닫고 수천만 번
화상 동상도 수백 번
갖은 악조건 감수하며
목이 말라 달려오는 식구들에게
"아 시원해"
쾌감도 수시로 안겼다
짧은 기간에 쉴 음식들
싱싱 노래 힘차게 부르며
오랜 기간 본래 상태 유지시켜
가계비 지출 최소화에 앞장섰다
일 년 전부터 노후병 앓아
수리(A/S) 불가로 죽음에 이른 냉장고
삼 일 전 용도 폐기 장소로
말없이 떠나가는 냉장고를 바라보는
다섯 식구 눈언저리에 이슬이 맺혔다

사랑하는 딸

시집간 딸은
부모보다 못살고
경제적으로 궁핍해도
부모가 안쓰러운가 봐
낡은 옷, 기운 양말
보기 싫은지 눈동자에 스치면
새 옷, 새 양말 내밀며
바꿔 입고 갈아 신으라 재촉한다
신이 나에게 축복 준 아내
척추 수술로 45일간 입원했을 때
단 하루도 거르지 않고
위로하며 궂은 일 다 맡았다
자신의 고3, 중3 아들
학비 등 지출벽 높은데도
남편으로부터 받은 용돈
가끔 봉투에 담아 찔러준다
보릿고개 높았던 대학생 시절
용돈 제대로 못 건넨 죄책감에
터지려는 눈물 둑
함박웃음이 막아준다

늙음의 아쉬움

컴퓨터가 늙으니 속도가 느리고
TV도 늙어 화면이 흐리고
라디오도 늙어 지지직
책상도 옷장도 늙어 삐걱거리고
싱크대도 신발장도 삐거덕삐거덕

정원에 무화과도 아래로 처지고
뜰 앞의 개도 늙어 짖지도 않고
장독대 고양이도 늙어 쥐도 못 잡고
내 머리 백발과 이마의 주름도
서로 앞다투어 점점 늘어만 간다

나와 내 아내 몸도 대부분
건강한 곳 없어 끙끙거리고
다정했던 벗들도 하나둘 천국으로……
아! 내 주위의 모든 환경들이
나와 함께 늙어가고 있구나

인연

—자랑스런 소정문학동인들

사막에는 생명의 오아시스
서울과 경기도에는 소정문학동인들
사랑과 화목을 알차게 다져
언제나 한 가족처럼 보고 싶은 그리움
가슴에 담고 여생을 즐긴다
보통 사람들은 눈동자에 와 닿는
사물 자체를 그대로 바라보지만
자랑스런 소정문학동인들은
남들이 보지 않는 곳곳에 눈길을
더 멀리 더 높이 돌리고 있다
우주에 떠 있는 모든 별들과도 만나고
지구상 200여 나라들도 찾아가
수백 종의 동·식물과 대화하고
대자연의 아름다움을 만끽하며
문학인으로서 빛나는 글을 남긴다
아! 자기 자신을 희생하며
소정문학의 굳건한 발전만을
가슴에 담고 뇌리에 각인시켜
동인들의 문학 수준을 일취월장시킨
안재식 스승님의 은혜 무덤까지 가져가리라

맞잡은 손

모든 사람이 필요로 하는 손
오른손 왼손 짝을 이루어 좋고
상대방과 맞잡으면 더욱 좋고
웃으며 맞잡으면 더더욱 좋은 손

하늘과 바다가 맞잡아 수평선 이루고
하늘과 육지가 맞잡아 지평선 만들어
다양한 과거 속에 증오와 다툼을
현재의 배려와 관용으로 품어준다

잘못을 먼저 사죄하며 맞잡은 손
함박웃음이 줄지어 뒤따라오고
미움은 사랑으로 변하여
한평생 행복한 날만 지속하리라

가을

온갖 조그마한 씨앗들이
온 세상의 용광로를 뚫고 자라
산야를 오색으로 물들인
낙엽들과 다정한 벗이 되어
늦여름 햇살을 끌어당기며
굽이굽이 황금 들판 펼친다

살랑살랑 바람의 숨결에
낙엽들은 둥실둥실 춤을 춘다
가을이 만들어 낸 앙상블
코스모스 향기를 삼키며
곳간〔穀倉, 곡창〕으로 옮긴 들판은
풍요의 행복을 안긴다, 농부들에게

누에꽃

어느 식물도감에도 어느 동물도감에도 없는 누에꽃, 넉 주 동안 먹고 자며 수직으로 솟아 누에틀에 매달리는 꽃, 모두 누에고치라 불렀지만 어머님은 누에꽃이라 불렀다

실을 뽑아 명주 만들어 둘째, 셋째 아들 국민학교 졸업하면 지리산 골짝에서 부산으로 유학 보내고 자기 몸 희생한 번데기로 높고 높은 보릿고개 낮췄으니 어머님은 누에꽃이라 불렀다

깊은 고요를 깨고 6·25 터졌을 때 국민학교 교사인 큰형, 사범학교 6학년인 작은형, 입대 소식 동시에 날아온 칠월 하순, 누에꽃 때문에 두 아들 죽음으로 내몰았다며 명주틀 불태우고 오열하시던 어머님

이제 내 머리에도 백발이 진을 치고 귀와 눈, 옛 모습 잃어가지만 지금도 번데기가 눈동자에 들어오면 눈물샘 둑이 터지고 명주옷에 시선 닿으면 와르르 무너진다, 지구마저

송명섭

내게 시란?

벌레가 이파리로 망사스타킹을
만드느라 분주한 때,
내겐 황금빛 계절
함께하는 길에서
나이를 잊은 열애 중이다

발표작품

- 늦은 강가에서
- 애연가의 이별 연습
- 호스피스 병동의 단상(斷想)
- 봉선화 순정
- 그리운 얼굴 그리며
- 네모 안의 세상
- 땅콩이 주는 행복

송명섭

충남 부여 출생. 아호는 안홍. 2012년 월간 『문학세계』(시) 등단. 중랑문학대학 제5기 졸업. 소정문학동인 이사, 한국문인협회·중랑작가협회·문학세계문인회 회원. 동인지 『그리움 조각 주우러』 外 다수.

E-mail ; songge12@hanmail.net

늦은 강가에서

어른이 되어서도 안달복달 보채던 딸은
사랑한다는 말 한마디 못해 드리고
평생을 발자국 소리만 오롯이 기다리게 하였답니다
엄마는 늘 꿈꾸기를 바랐지만
딸은 그냥 이루어지기를 원했죠
아파도 안 아픈 척, 슬퍼도 안 슬픈 척
척 척 척
척으로 마음을 숨기며 세월을 흘리시던
엄마가, 어느 날 갑자기 숨어 버렸습니다
딸의 시간과 함께 강물이 되어
어디든 언제든 지켜보겠노라는 말씀 남기고
떠나간 엄마의 강가에서 사무친 그리움이 너울댑니다
—어서 와라, 잘 지냈니?
—엄마, 사랑해요!
살아생전 고백하지 못한 말,
목청 터져라 외쳐 보아도 때늦은 후회만 불러옵니다
되돌리고 싶은 시간은 강물 따라 흐르고
엄마의 향기는 돌고 돌아 곁에 있는데
발만 동동 구를 뿐, 하염없이
엄마, 엄마, 엄마~~~

애연가의 이별 연습

가냘픈 몸매, 새하얀 드레스로 치장한 여자
은빛 머리카락 황홀하게 흩날리며
사나이의 단단한 마음을 흔들고 유혹했어
치명적인 그녀의 향기는 늪만 같아
한번 빠진 그의 넋은 한순간도 헤어날 길 없었어
울울한 여름 지나고, 가랑잎이 저녁놀에 몸 섞던 날
그는, 그녀와의 이별을 결심했어
그의 가슴은 두근두근 조바심이 일고
온 세상에 황사바람 몰아쳤어
보낼까 말까 되돌리기 수십 번
견디기 힘든 망설임에 어질증이 일었어
여태껏 분신처럼 살아왔는데
하루아침에 그녀를 떠나보내는
이기적인 그가 슬그머니 애잔했어
일방적으로 사랑한 그녀였기에
쉽게 잊을 수 없는 그의 손끝이
바르르 바르르 떨고 있었어

호스피스 병동의 단상(斷想)

삶과 죽음의 경계에 있는
그들을 뜨거운 여름날에 만났다
초점 없는 흐린 눈에서도
끝없는 삶의 애착이 보이고
무덤 속에 마른 뼈 같은 몸
헝클어진 머리
창백한 얼굴이지만
미소를 달고 있었다
인자한 교장 선생님도
달변인 변호사도
평생 혼자 살아온 이도
잘생긴 외모를 갖춘 이도
모두 같은 줄에 서서
나이를 지운 채
지나간 과거를 뒤로 밀고
하루하루 감사하며 살고 있는 그들,
잘 살아야 잘 죽는 것이 아님을
깨우치는 그들의 병동에
드리운 햇살, 눈부시다

봉선화 순정

돌 등에 소복이 알록달록
너를 올려놓는다
톡
톡
톡
쉬지 않고 찧어도
숨죽인 너는
아려오는 통증에
새빨간 눈물만 흘린다
숨 막히는 고통 뒤에
찬란해진 나의 손톱
온몸을 불사른 너의 존재를 까맣게 잊은 내 가슴은
먼 훗날 이루어질 첫사랑 설렘으로
시도 때도 가림 없이
불그레 물들고 있다

그리운 얼굴 그리며

커피 향이 그리워 잠에서 깬다
아니, 잠을 깨운 것은 커피 향만이 아니다

붉게 익은 열매들 사이로
툭툭 이파리 떨구는 감나무,
마당에 층층이 쌓인 낙엽을
발길조차 내어놓지 않고
싹싹 쓸다 보면
바스락바스락 그만 놔두라고 애원한다

여명을 뚫고 켜켜이 겹치는 진한 사랑……

나뭇잎 뒹구는 소리에
내 가슴도 따라 뒹굴며
비워낸 바닥에다
그리운 얼굴 그린다
낙엽이 해마다 오듯
사랑도 그리 오시라
새벽부터 나는 비질을 서둘렀는가 보다

네모 안의 세상

따뜻한 보금자리 나와
어스름 새벽을 벗 삼고
여유 있게 하늘 보며 거리를 걸으면
황홀한 해돋이를 만나기도 한다
꿈 찾아 한발 한발 내려가 서면
늘어선 유리문에 희망 하나 걸리고
순간, 익숙한 소리
—한 걸음 물러나 주시기 바랍니다
온몸 던져 네모 안 들어가니
다른 조그만 네모에 홀려 있는 사람들
지독한 무관심에 밀려드는 외로움
어김없이 목적지에 닿아줘도
아랑곳하지 않고
당연한 듯 당당하게 더 많은 것을 요구한다
이대로 멈추지 않고 달린다면
희망 찾을 수 있을까

네모로 이어지는 세상
답답하지만 찾지 못한 답
유리문 밖에 놓아둔다

땅콩이 주는 행복

겨우내 마른 몸
아무것도 내놓지 못할 줄 알았는데
깊은 어둠에 고요히
침묵의 힘은 강렬하다
며칠 만에 무거운 흙덩이를 번쩍
햇살이
바람이
그리웠나 보다
땅속에서 익숙해진 노란 얼굴
뚜껑 열리자마자
환하게 웃는다

무딘 인내
아무나 할 수 없는 일
훗날의 풍성함을 기대하니
행복
한 움큼 다가선다

유 성 호

내게 시란?

오늘도 지팡이에 의지해
길을 찾는다
부축하는 사람 없이
지팡이와 둘이서 간다
나는 마음의 눈으로
세상을 보지만
어둠을 밝히는
시 한 수 아직도 쓰지 못했다

발표작품

- 길 위의 나무뿌리
- 나무 옷들의 향연
- 소나기
- 삼거리 주막
- '봉황'을 꿈꾸며
- 인생 참…
- 이심전심

유성호

양주 출생. 중랑문학대학 4기 졸업. 월간『문학세계』동화부문(2011년), 계간『시세계』시부문(2014년) 등단. 한국문인협회 · 소정문학동인 · 문학세계문인회 · 한국아동문학회 · 중랑작가협회 회원. 문학세계문학상(동화) 대상, 문예춘추 톨스토이문학상(동화) 대상 수상. 2013－2014 중랑청소년백일장 심사위원. 한국일보 전산기획부장 역임. 저서『봉황』, 공저『달팽이 날다』外 다수.

E-mail ; yush8985@naver.com

길 위의 나무뿌리

저 거대한 숲에
불균형을 이루고 살아가는
소나무 참나무 나무 나무들

나는 이탈자, 갈 길을 잃었다
한 번 잘못된 갈림길이
이다지도 아픈지 몰랐다

인고의 삶 서러운 가슴
한 맺힌 외침들
어쩌다 세상 밖으로 나와
한평생 짓밟히고 걷어채어
살이 뭉그러지고 뼈만 남아 앙상하다

절절한 소망이 있다면
나의 핏줄이 서린
흙속, 어머니의 강으로 돌아가고 싶다
한 많은 길 위의 나무뿌리

나무 옷들의 향연

소나무는 붉은 옷을
참나무는 회색 옷을
자작나무는 흰 옷을
나무 나무마다 옷 모양이 다르다

소나무 옷은 용의 비늘 같고
참나무 옷은 장수의 갑옷 같고
자작나무는 깨끗하고 단정한 여인

위아래 좌우로 밧줄 꼬아 엮은 듯
여인의 머리를 곱게 땋아 내린 듯
나무 옷에 기기묘묘 섬세함이여

솔거의 벽화가 이같이 섬세할까
목공의 공예품이 이처럼 절묘할까

시간을 꿰어 세월을 엮어, 나무는
화려한 자연을 만들었으니
천추에 빛나는 작품이 아니더냐

소나기

갈증을 토해내는 무더운 오후,
구름 떼 낮게 가라앉은 먹빛 하늘
삶의 시련처럼 암울한 어둠을 뚫고
산 개울에, 풀 나무에
단물을 뿌린다

온 세상이 비를 맞는다
갈라진 땅들이 입을 벌리고
목마른 농부들 비를 맞이하는데
비 젖어 발가벗은 막내 녀석
고추 달랑거리며 우물가로 뛴다

사람 산다는 게
고생 끝 즐거움이런가
소나기 거친 뒤, 해 뜰 날 있으려나

삼거리 주막

강판 시간 초를 다투고
편집기, 출력기를 거친 필름들
오색도 윤전기에 줄줄이 실려
엄청난 속도로 달려 나간다
모두들 너나없이 구슬땀에 젖고…

안국동 서쪽으로 조금 내려가면
'삼거리'라는 주막이 있지
그곳에서 우린 만나고 헤어지고
다친 마음 다독였지

한 잔 술에 손뼉치고 크게 웃으며
세상을 논하고 출세를 꿈꾸던 곳
승진을 축하하고
물먹은 상처 함께 위로하던
아, 얼룩진 세월 담긴
인생 회의실, 삼거리 주막

'봉황'을 꿈꾸며

뼈 부서지는 아픔을 참아내고 사막처럼 길고 험한 고난의 길, 가녀린 달팽이 몸짓으로 그 길에서 방황했다 언제 끝날지도 모르는 긴 터널에서 허공을 잡고 마냥 걸었다 나는 날개를 달고 싶었다 해와 달이 유영하는 저 하늘에 날개를 달고 지구 밖 우주로 훨훨 날고 싶었다 애타도록 바라던 봉황이 되기 위해 새장 안에서 창공을 보며 멋진 세상을 꿈꾸었다 그러나 자신의 날개가 그다지도 가냘픈 줄 몰랐다 바깥세상의 거센 바람을 이기지 못하고 날갯짓 몇 번 퍼덕이고 곤두박질쳤다

눈물을 움켜쥐고 생각하니
아직도 봉황의 오묘함을 깨닫지 못하였구나
창공에 반짝이는 별은
그냥 얻어지는 것이 아니다

나는 오늘도 심연에 흩어진
햇살 같은 언어들을 끌어올린다
음률에 맞추어 그 낱말들을
한 조각 한 조각 맞추고 있다
또다시 날기 위해……

인생 참…

무더운 여름
그늘진 벤치에 앉았는데
눈앞에 하루살이가 날아다닌다
번개같이 보이다 어느새 사라지고
잠깐 있으면 또 나타나
그를 겨냥하여 재빠르게
두 손을 마주쳤는데 허탕이다
눈썹으로 기어가는 느낌이 있어
오른쪽 눈을 세게 후려쳤다

날벌레 한 놈 때문에
손바닥이 얼얼하게 매를 맞고
뺨도 수없이 맞아서 너무 아프다

인생 참 어렵군요
험한 풍파 노 저어 왔으니
이제 그만 돌아갈까 돌아가

이심전심

물 아래 산 그림자 산천경개 장관일세
빨래하는 여인이랑 한 폭의 그림 같다
내 모습 하나 되어서
풍경화를 그릴까

연모의 정을 담아 곱돌 한 개 던져보니
물방울 파장되어 빨래터에 번지는데
그 여인 미소 담아서
손 물결로 보내온다

윤옥석

내게 시란?

'시란 언어로 그리는 그림!'
삶의 참 음성이 향그럽게~
사무사(思無邪)처럼 청명한
희망의 세계로……

발표작품

- 첫눈
- 풍경(風磬)
- 부용(芙蓉)처럼
- 칠석날
- 봉선화
- 희망 길
- 옛 고향 동무

윤옥석

필명은 보석. 2011년 월간 『문학세계』(수필) 등단. 중랑문학대학 제3기 수료. 소정문학동인 이사, 한국문인협회·문학세계문인회 회원. 2013년 중랑청소년백일장 심사위원. 해설사(향토문화, 숲생태, 식물원), 전통문화지도사(국립민속박물관) 활동. (전)국가인권위원회 시니어 인권모니터, (전)전국인권협회 사무처장 역임. 연세대학교 행정대학원(제적). 동인지 『박꽃 핀 달밤에』『韓國을 빛낸 文人』外 다수.

E-mail ; yos00g@hanmail.net

첫눈

하얀 눈 내리는 길 호숫가 거닐 때면
장독 뒤 소꿉 놀던 동무들 보고파라
지금은 어느 우물가
백설 보고 있을까

봉선화 붉게 피던 꽃밭에 다가가면
누님도 손끝마다 빨갛게 색칠하고
내 임도 첫눈 내리면
오작교를 꿈꿀까

풍경(風磬)

산사에 부는 바람 은은히 나부끼면
삶의 추(錘) 흔들리는 향 맑은 고운 소리

긴 여운(餘韻) 담을 수 없어
세월만을
울리나

처마 끝 스쳐가는 남겨진 여음(餘音)들이
고단한 인생살이 품속을 맴도는데

댕그랑 파란만장한
흔적만을
흔드나

부용(芙蓉)처럼

진흙탕 연못가에 한 송이 정결함이
속세의 번뇌 담아 꽃처럼 피워내듯

고고한 청아(淸雅)함의 모습
눈물 속의 미소여

비바람 휘날릴 때 솟아난 그윽함이
사바의 풍진세상 온갖 것 포용하듯

연화(蓮花)의 속삭임처럼
신선 같은 임이여

칠석날

오작교 사뿐사뿐 거닐던 두 연인아
애태워 까맣게 탄 멍울진 가슴속에
칠석물 뿌려드릴까
견우직녀 사랑을

둘이서 다시 만나 뜨거운 두 입술에
그리움 찍어놓고 하늘이 두 쪽 나도
또다시 얼싸안고서
사랑 노래 하리다

봉선화

행여나 지워질까 애태워 꿈을 담아
동여맨 손톱 위에 스미는 그리움들

깊은 곳 숨긴 첫사랑
방울방울 맺히나

손끝에 그려놓은 아련한 모습들이
백 년을 언약했던 인연을 반겨줄까

혹시나 첫눈 내릴까
푸른 하늘 달리나

희망 길

한 방향 저 높은 곳 정답게 바라보며
푸르른 희망 하나 가슴에 새겨놓고
가야 할 간절한 다짐
동여매어
놓을까

머나먼 넓은 광야 힘차게 깃발 보며
지나온 가시밭길 되돌아보지 말고
소망아 무지개 빛깔
초원 위에
비춰라

옛 고향 동무

뒷동산 햇살 고운
언덕에 뛰어놀던

옛 동무 연지곤지
바르면 예쁜 모습

어느덧 화무십일홍
주름살만 커지나

석양에 황금빛이
빨갛게 수(繡) 놓으면

꽃반지 끼고 놀던
그 시절 그리워라

지금쯤 할미꽃 피어
고개 숙여 있겠지

윤혜원

내게 시란?

몸이 아파 병원에 갔다
마음이 아프면
어디를 가야 하나…
……
마음 병의 치료사를 찾습니다

발표작품

- 뿌리의 기도
- 하늘 보기
- 마음에 내리는 소나기
- 새벽
- 멍
- 모두가 떠나야만 그들은 찾아온다
- 궁남지에 핀 봄

윤혜원

서울 출생. 아호는 안아. 2014년 월간 『문학세계』(시) 등단. 중랑문학대학 제 7기 졸업. 소정문학동인·문학세계문인회 회원. 한국방송통신대학교 미디어 정보학과 졸업. 동인지 『수요일엔 파란장미를』 外 다수.

E-mail ; hwyoon80@naver.com

뿌리의 기도

너를 품안에 안을 수 있다면
아니, 바라보기라도 한다면
얼마나 좋을까

예전에 우리는 하나였지만
지금은
만나지도, 닿지도 못하는 사이

내가 어둠을 뚫고 깊이 내려갈수록
너는 환한 얼굴로
세상을 향해 뻗어나가고

너는 그곳에서, 나는 이곳에서
그리움 한 방울
외로움 한 모금으로…

그래도 괜찮아
언젠가 내 곁으로 돌아오는 날
우리 다시 하나 되는 날

하늘 보기

목을 길게 빼야 돼
기린처럼
아주 길게 쭈욱
그것도 안 되면
고개를 뒤로 쭈욱 젖혀 봐
물을 머금은 종달새처럼

보이니
보이지
자동차에서 올려다보는
빌딩들 사이, 사이에 있는
손바닥만 한
그래, 그거

삶이 힘들어
올려다보기 어렵다면
차라리
차창 밖을 내려다봐
강물에 비친 눈부신 보석은
뜻밖에 보·너·스

마음에 내리는 소나기

네가 가진 것에 대한 부러움
내가 못 가진 것에 대한 원망
수챗구멍 찌꺼기처럼 쌓여갈 때

내가 할 수 있는 것에 대한 자만심
네가 할 수 없는 것에 대한 조롱
장롱 속 먼지처럼 탑을 쌓아갈 때

내려라, 한여름 소나기야
좍
좍
내 마음에
내리고 버리고 낮아져

비 갠 뒤, 맑음

새벽

나는
장미입니다
아닙니다
나는
그림자입니다

나는
자전거입니다
아닙니다
나는
그림자입니다

길고 긴 터널 속에서
향기도 소리도 없는
나는 無

그 끝에
그대 다녀가시면
비로소 끝나는
그림자놀이

멍

시무룩한 딸아이 얼굴에
한여름 느티나무 아래처럼
까만 그늘이 가득하다
툭 건드리면 터질 듯한 눈망울
오리주둥이를 한 입술로
서러움 한껏 토해낸다

무릎 언저리에 핀 보라꽃
그것이 세상 다 잃은 마냥
그토록 널 서럽게 만들었구나

허락도 예고도 없이
내 가슴에 피어난 보라꽃 안고
한달음에 달려간 곳에
그 녀석 엄마…
한 다발을 안고 서 있다

저만치 고개 들지 못하고 발끝만 바라보던
그 녀석
가슴에 피어나는 한 송이 보라꽃

모두가 떠나야만 그들은 찾아온다

바람을 가르는 자전거 행렬
물장구치는 아이들 웃음소리
오리인지 백조인지 알 수 없는 보트

작은 숨결조차 희미한
이곳에
모두가 떠나야만
찾아오는 이가 있다

추위와 공허만이 가득한
반겨주는 이 하나 없는 여기
어디에서 무엇을 위해
외로운 여행을 하는 것인가

그들이 떠나간다
새로운 적막과 고요를 찾아
또다시
모두가 떠나야만
그들은 찾아온다

궁남지에 핀 봄

자박자박 흙길을 걷는다
가만히 흙소리를 듣는다

겨우내 숨어 있던 연잎들
술래에 잡혀 삐죽이 고개를 내민다
꽁꽁 숨은 연꽃은
여름 술래의 차지
길가에 핀 개나리꽃에 허전함 달랜다

돌아서는 발걸음 아쉬워
그대와 함께 백제에 남아
두 손 꼭 잡고 들어보는
서동과 선화공주의 사랑 이야기
따뜻해진다
봄이다

이선희

내게 시란?

달팽이 느린 한 걸음 한 걸음
돌멩이 넘고
장독대 넘고
제 속도로
제 길만 가네

발표작품

- 별들에게
- 낮달
- 지하철
- 엄마 꽃 거울
- 나무가 몸을 꼬면
- 초록별
- 새 발자국

이선희

전남 무안 출생. 아호는 안혜. 2009년 격월간 『아동문예』(동화) 등단. 중랑문학대학 제1기 졸업. 소정문학동인 감사, 중랑작가협회 사무국장, 한국문인협회·한국아동문예작가회·한국아동문학회 회원. 2012-2015 중랑청소년 및 구민백일장 심사위원. 동인지 『담쟁이 벽화』 外 다수.

E-mail ; tisgml690@hanmail.net

별들에게

밤에 도시를
내려다보면
별세상이다.

아파트엔
네모난 별이 뜨고

자동차 꽁무니엔
빨강별이 뜬다.

사람 손에 뜨고
사람 손에 지는 별들

도시를 떠난
하늘별이 그리워
띄우는 편지, 답장이 없다.

낮달

해 있는 세상 궁금해
하도 궁금해

별을 따라가지 못한
엄마 얼굴 닮은 달

해 있는 세상 밝은 빛에
울 할머니 앓는 것도
울 아빠 한숨 쉬는 것도
잘 보여
하도 잘 보여

걱정되어 걱정되어
하얗게 울며 못 가는 달
엄마 마음 닮은 달, 낮달.

지하철

반딧불 같은 불빛을 따라
철도를 따라
나는 달린다.

요즘 위아래도
모른다는 듯
싸움이 일면
배가 부글부글 끓어
배탈이 난다.

서둘러 역으로 내달려
화산이 불을 뿜어내듯
배를 비운다.

빈속을 달래며
반딧불 같은 불빛을 따라
철도를 따라
나는 또
달릴 수밖에 없다.

엄마 꽃 거울

엄마 거울 꽃 거울
금이 가고 말았네.

버리려고 마당가
목련에 기대어 놓았는데,

고양이 지나가다가
수염 멋지게 가다듬고 야아옹

생쥐도 지나가다가
고양이 쫓아오나 보고 찍찌찍

강아지 지나가다가
친구 생겼다고 반기며 멍머멍

금 간 거울 엄마 꽃 거울
집 밖에서 더 바빠졌네.

나무가 몸을 꼬면

나무가 가렵다고
기다란 몸을 꼬면
어느새 딱따구리
날아와 진찰을 해요.

앙칼지게
나무를 붙들고
따닥따닥 딱
따닥따닥 뚝딱
온몸 흔들어 쪼아
치료를 해요.

쪼아 꺼낸 벌레는
딱따구리 의사 왕진비

초록별

나중에 커서도 쓰라고
주먹보다 더 큰 종이 모자
씌워 준 농부 아저씨

그게 궁금해
슬쩍 들춰 보는 바람
살짝 비춰 보는 해

바람 때문에 해 때문에
돋아난 초록빛 주근깨
"아이, 부끄러워!"

주근깨 감춰 주려
종이 모자 고쳐 씌우는
농부 아저씨 까만 손

달랑달랑 애교 떠는
초록별 2호, 아가배*

* 아가배 : 어린 배를 뜻하는, 작가가 만든 낱말.

새 발자국

눈 덮인 산에
아기 솔잎 같은
조그마한 발자국

따라가 보니
뚝
끊겼다.

걷다가
발이 시려워
날개를 폈나.

둥지 안
엄마 품이 그리워
서둘러 날아갔나.

이 임 호

내게 시란?

운명처럼 다가와
생각만 해도
행복의 눈물
뚝
뚝
함박눈 내려
하얀 종이에
맘껏 쓰는
나의 사랑
시

발표작품

- 열대야
- 사랑의 불꽃
- 위대한 여인
- 애절한 사랑 준 가시고기
- 소나무와 개미
- 면목역 광장의 베짱이
- 환상의 섬

이임호

경기 과천 출생. 아호는 안송. 2013년 월간 『문학세계』(시) 등단. 중랑문학대학 제6기 졸업. 소정문학동인 이사, 한국문인협회·중랑작가협회·문학세계 문인회 회원. 동인지 『뜬구름』 外 다수.

E-mail ; moonbbo.mom@hanmail.net

열대야

피하려고 기를 써도
소리 없이 다가오는
귀찮은 불청객

잠 못 이루는 밤
눈치코치 버리고 괴덕부리는 벽창호처럼
맹렬하게 나를 끌어안고 입맞춤을 했다

그가 달려들 때마다
나는 온몸에 돋아난 발진을 털어내듯 흔들고
분노의 비명으로 몸소름을 긁었다

그와 보낸 질식의 밤
흥건하다,
핏물 자국

사랑의 불꽃

어느 날 갑자기 불어닥친
욕망이란 불덩이
가라앉히려 해도 식을 줄 모른다

먼 세월이 흘러
꺼질 때도 되었건만
온몸이 활활 타오르는 화산 같다

세월의 흔적처럼 남아 있는
가슴에 찍힌 화인(火印)
이를 어쩌나

끄지 못할 불덩이
눈물로 승화시켜
시로 갈무리한다

위대한 여인

언제부터인지
몰아닥친
거대한 회오리

조상들의 한이랄까
쓰나미가 지구를 휩쓸고 지나가듯
모두 삼킬 듯 몰아치는 태풍,
그 중심에 서 있는 그녀
한 맺힌 기나긴 역사를 끌어안고
숨죽이며 속울음 토해내던
삶의 모든 영역에
가지를 치고 뿌리를 내렸다

그녀로부터
'나도 할 수 있다'
가능성을 읽는다

애절한 사랑 준 가시고기

엄마가 남기고 떠난 알
목숨 건 사랑으로
포근하게 품어
키워 준 아빠
돌 틈에 머리 박고
희생하는 부성애
절절하고 숭고한 사랑
어버이날 다가오면
아버지 생각,
뭉게구름 되어
가슴을 적신다

소나무와 개미

산속 외로움을 잠식해 들어온
그를 온몸으로 받아들여 수용했건만
주위 반대를 외면한 채
조금씩 내어준 은공 배신하고
적반하장으로 온몸 갉아먹혀
버틸 수 없을 만큼 뚫린 구멍,
찬바람 시달려 애태운 가슴앓이
삭여 안고 스미는 고독감

시리다 온몸

면목역 광장의 베짱이

한 차례 거대한 회오리가
폭풍처럼 몰아쳤다

자신의 몸 하나 건사하지 못하고
휘둘리며 사는 베짱이

여름 내내 노래만 하다
겨울이면 이슬처럼 사라지는 가여운 신세

또 하나의 업이 풀어지고 있다
전생의 죄로 만난 업고

환상의 섬

달빛 젖은 창가에 기대어
먼 곳 바라보니
세찬 그리움
물밀듯 몰아닥친다

거대한 해일은
물보라 일으키며
온 섬 집어삼킬 듯
달려드는데
섬에 갇혀 사방을 둘러보니
공포가 쓰나미처럼 몰려온다
환상의 섬
멋진 꿈은 조각조각 흩어지고

떠올린다,
아스라이 남은 옛 추억

이 종 선

내게 시란?

파란 하늘에 피어오르는
뭉게구름, 유년의 그 하얀 구름이
지금도, 내 마음에 떠돌며
꿈을 키웁니다

발표작품

- 4월, 봄꽃
- 아침 새소리
- 소백산 철쭉
- 구곡폭포
- 풀벌레 소리
- 가을 풍경
- 노을

이종선

강원도 강릉 출생. 아호는 淸溪. 2011년 월간 『문학세계』(수필) 등단. 중랑문학대학 제3기 졸업. 한국문인협회·소정문학동인·중랑작가협회·문학세계 문인회 회원. 제9회 세계문학상 수필부문 본상 수상. 동인지 『4월, 봄꽃』 『韓國을 빛낸 文人』 外 다수.

E-mail ; jongs17@hanmail.net

4월, 봄꽃

빵끗 웃는 햇살에
4월에는 봄꽃이 핍니다
저마다 다른 빛깔로 속살 드러내
한껏 얼굴을 뽐내는 것은
누군가를 사랑하기 때문입니다

아, 그러나 사랑을 다하기에는
4월의 봄날이 너무 짧습니다
시련은 그것만이 아닙니다
시샘하듯 몰아치는 비바람에
해진 나비의 날개처럼, 슬픈 꽃

꽃을 좋아하는 나는
연인처럼 그 곁에 다가섭니다
가까이 갈수록 향긋한 냄새가
몸에 배어 묻어나고
어느새 나는 꽃을 닮아 갑니다
덧없는 세월에 미련을 남기고
잠깐 피었다가 금세 떠나는, 봄꽃

아침 새소리

세상에 아름답지 않은 새소리가 어디 있을까 참새는 짹 짹 개개비 개 개 뻐꾹새 뻐꾹 뻐꾹 꿩은 꿩 꿩 이건 자연에서 들은 대충 내가 아는 새소리다 그러나 흉내낼 수 없는 새소리가 더 많다 음악처럼 리듬이 있는 새소리는 저녁에는 낮은음, 아침에는 대개 높은음을 낸다

어느 것이나 다 아름답다
그렇지만 나는 맑고 고운 높은음
해 뜨는 아침 새소리가 더 좋다

내가 아는 여인, 에디샤*는 마지막 시간을 보내며 아침에 눈을 떠서 창가에 지저귀는 새소리를 듣는 것 그리고 햇볕을 피부로 느끼는 것 그것이 정말 좋으며 자기 인생의 의미이자 행복이라고 했다

인생에서 마지막이 아닌 삶이 어디 있겠는가
그런 나는 햇볕 드는 창가에
아침 새소리가 되고 싶다
새소리를 좋아하는
누군가의 행복을 위해……

* 에디샤 : '있는 것은 아름답다(Right, Before I Die)' 에 전시(충무아트센터)된 작품 속 주인공.

소백산 철쭉

봄바람이 솔솔 불기에
소백산 등성마루
붉게 태우던
철쭉이 눈에 밟혀 달려가 보니
비로봉은 아직 겨울이 한창이다

그냥 돌아설까
기대했던 봄나들이 못내 아쉬워
돌아다보니
울긋불긋 웃음꽃이 만발하다

천 년을 살고
죽어 천 년을 더 산다는
주목, 그 하얀 고목(枯木) 사이에
꽃처럼 예쁜 산객들의 얼굴

철쭉보다 더 곱다

구곡폭포

강촌에 가면
아홉 굽이돌고
다시 아홉 굽이돌며
주절주절 이야기하는
폭포가 있다네

잣나무 숲을 넘으면
가만가만 내려온 햇살이
무지개 꽃을 피우는 문배마을
달빛으로 일군 화전(火田)에는
아버지의 아버지, 그 아버지의 숨결이
송알송알 맺혀 앵두가 되었다고

오늘도
아홉 굽이돌고
다시 아홉 굽이돌며
화전의 역사보다
긴 이야기 써 내리는
폭포가 있다네, 강촌에 가면

풀벌레 소리

지난여름은 무덥고 긴 터널이었다
연일 찜통더위에 시달리느라
유쾌한 날이 별로 없었다
팔월의 막바지였다
돌연 한차례 소나기 퍼붓더니
이글거리던 아스팔트의 열기를
통째로 걷어 갔다
언제 그랬냐는 듯
별빛이 바람에 반짝이고
마음은 새털처럼 가벼워졌다
가을이 성큼 다가와 풀벌레 소리 요란하다
풀벌레는 가을에만 우는가
문득 생각하니 소리는 거저 들리는 게 아니다
여름이 다 가도록
그 소리 듣지 못한 것도 까닭이 있다
찌는 듯한 무더위에
마음이 고요하지 않았기 때문일 테다
자연의 소리를 들으려면
먼저 마음을 비워야 한다는 것을
새삼 깨달았다

가을 풍경

자작나무 숲에서
가을바람이 톡톡
노란 잎사귀를 털어낸다

푸르던 날의 기억을
한 줄 나이테에 새기고
하얀 속살을 드러낸 나목

새잎 피는 날
그날을 그리며, 꼿꼿이
하늘 향해 서 있다

노을

순천만에 낙조가 내리면
먼 하늘에 새털구름 붉게 물들고
줄지어 나는 철새가 그림을 그린다
금빛 석양에 물든 드넓은 갈대밭,
산봉우리 넘어가는
붉은 해를 바라보고 있노라면
마치 한 폭의 그림 속에
들어온 듯 환상에 젖는다
잠시 뒤돌아보면
속절없이 세월만 흘러
어느새 나는 서산에 기우는 해와 같다
석양이 아름다운 것은
세상을 곱게 물들이는
노을이 있기 때문,
내 인생의 황혼은
무엇으로 아름답게 물들이나
해처럼 빛날 수는 없어도
말 한마디 누군가에게 위로가 되는
따뜻한 빛깔, 그런 노을이면 좋겠다

이 주 숙

내게 시란?

입춘이라네
글사랑으로 내 몸에도 꽃이 피어
날마다 고목에 물을 준다네
드디어
꽃이…

발표작품

- 인생 55페이지
- 더위를 잊게 하는 웃음꽃
- 동치미
- 서산방조제의 가을
- 추석
- 봄꽃 잔치
- 소나기

이주숙

충북 음성 출생. 아호는 안당. 2013년 월간 『문학세계』(시) 등단. 중랑문학대학 제5기 졸업. 한국문인협회·소정문학동인·중랑작가협회·문학세계문인회 회원. 동인지 『마라도에서』 外 다수.

E-mail ; leejs5817@hanmail.net

인생 55페이지

23세 꽃다운 청춘
금값으로 팔렸다
뭣도 모르고 끌어안은
별 하나, 달 하나,
알고 보니 보물이 아니던가

신혼의 밀월 깨기 전
거룩한 이름으로 오시어
내 인생을 바쁘게 했던 시어머니

대가족이라
항상 허덕이는 나의 삶
더듬이는 언제나 집을 향해 있다

숨 막히게 살아온 세월
참으로 잘 참았노라
알아주는 사람 있어 행복하지만
그러나!
허리 아픈 추억 하나 남았으니
이를 어쩌랴

더위를 잊게 하는 웃음꽃

자다 깨어 보니
달빛 하도 밝아
대낮인 줄 착각했다

시간이 어찌 된 건지
가마솥더위
밤새도록 화를 낸다

바람 한점 없는
팔월 열대야
조금만 움직여도 쏟아지는 땀

돌을 한 달 남겨둔 아기
십 초 동안이나 서 있다고
딸에게서 마플로 온 소식
잠시 더위를 잊게 하는 웃음꽃

동치미

사각사각 무우 씹는 소리
듣기만 해도 시원한 소리
쪽파, 고추, 마늘이
친구 되어 맛을 돋워준다

내 고향집 뒤꼍
땅을 파고 지푸라기로 엮은
통가리에서 김치를 꺼내 먹던
기억이 생생하다

지금은 찾아보지 못할
어머니 손맛
그 고향의 낭만과 정취를
김치냉장고가 대신할 수 있을까

서산방조제의 가을

끝없이 펼쳐지는 푸른 바다
햇빛에 반사된 은빛 물결
눈부시다

가을걷이 끝낸 들녘
이발한 듯 단정한 밭고랑 위로
삶에 바쁜 철새들 날아다닌다

종종거리며
살아온 세월들
마치 내 모습 같은데

서해안 저녁노을, 짙어만 간다

추석

내 어린 시절 한가위 되면
할머니, 언니, 동생과
토광에 앉아 도란도란 이야기꽃 피우며
송편을 빚었다

노란 들판 고개 숙인 햅쌀이 영글고
파란 고추는 빨간색으로 둔갑
텃밭에 탐스런 토마토 주렁주렁
터질세라 제멋 뽐낸다

보리쌀 꾸러오고
펌프 물도 길어가는
이웃사촌이 한 가족
밤이면 휘영청 밝은 보름달 마중 나가
쥐불놀이하며 소원 빌면
형제간이 많아 잔칫집 풍경이다

까치가 깍깍 울고
삽살개 꼬리치며 뛰놀던
내 고향 가을 익어가는 소리

봄꽃 잔치

지금 숲에는 봄꽃들이
저마다 자태를 뽐내느라
축제가 한창이다

꽃바람 타고 내려오는
꽃잎을 손바닥에 받아
'소원을 말해 봐'
하면 이루어진다는데~

이 4월
나의 소원,
빨·주·노·초·파·남·보
무지개꽃 30명
소정창작실 꽃마당 활짝

소나기

여름비가 세차게
내리는 오후
바이오톤* 치료 가는 길
아스팔트 위로 쏟아지는 빗방울
하얀 물보라
송사리 떼 같다

이사 앞두고
친구에게 주겠다 약속한
화분을 실어다 주었더니
나를 위해 진심으로 걱정하고
기도한다며
눈에 이슬이 맺힌다

이 감성에 내 마음 열면
소나기 될까 무서워
가슴에 묻고 돌아서는 길
이렇게 여름을 마감한다

* 바이오톤 : 병원 이름.

이현수

내게 시란?

멍한 시선으로
하늘을 바라보니
구름 하나가……

발표작품

- 어머니 마을
- 인연의 벽
- 욕심
- 끝집
- 아, 슬픈 이슬
- 여인의 하루
- 몽매한 무지

이현수

충북 충주 출생. 아호는 안강. 2014년 월간 『문학세계』(시) 등단. 중랑문학대학 제4기 졸업. 소정문학동인·중랑작가협회·문학세계문인회 회원. 동인지 『달팽이, 날다』 外 다수.

E-mail ; 1006soo@hanmail.net

어머니 마을

높다란 산허리
둥글둥글 줄지은 동굴집
마다 별이 총총

지금쯤
이웃사촌들과
도란도란 정담 나누며
멀리서 이사 온
새 이웃
반갑게 맞이하시겠지

달빛 환한 얼굴로

인연의 벽

너와 나
전생에 무슨 인연이었을까

이승에서 다시 만난 기쁨
그리고 슬픔
순간
보이지 않는 거대한 벽으로
흐르던 물, 검게 변했네

그 벽 허물면
바닥이 보일까
허공에 스치는 바람인가
머나먼 우주에 유성인가
굴속 같은 마음 보이지 않네
아직 길을 찾지 못한다,
검은 강물

욕심

백 가지 꽃을 담아
먹으면 좋다는 말에
해마다 설쳐보지만 흐지부지
올해도 꽃을 따러 갔지만
더운 날씨 탓에 일찍 핀 꽃잎
화르르 자유를 찾아 떠났다
한마디 말만 남기고

야, 양심 없는 인간아
예쁘다는 소리나 하지 마라
네 몸 이롭자고
조신하고 얌전한 나를
바라보기도 아까운 나를
못살게 해야
네 마음 행복하니

끝집

이른 아침 물안개 자욱한
저수지가 있는 곳
옹기종기 모여 사는
작은 마을 진입로에 쌓여 있는
잡동사니 어수선하다

지나가는 소나타 소리
삐익~ 가슴이 철렁 내려앉고
야산에 둘러싸인 초라한 집
세월 따라 힘겨운 담장
하나 둘 돌아눕는다

가난하고 힘겨운 농부
가슴 안에 올린
또 하나의 벽돌

아, 슬픈 이슬

십 년 넘게 농사일을 같이 하는 언니 왈,
너는 남편을 진짜 사랑하는구나(이 말은 아들·딸도 자주 한다)
언니, 사랑보다는 내 의무야
인연이 되었으니 최선을 다해
애들에게 부끄러운 엄마는 되고 싶지 않아
주변 사람들은 날 보고 잘난 척한단다
아픈 남편이 그렇게 자랑스럽냐고
그럼 어쩌라고, 건강하면 나 역시 왜 아니 좋을까
처음에는 그 사람이 미워 용서가 되지 않았지만
사는 것보다 더 힘든 시간 속에 마음을 다졌다
그래 죽지 않고 살 거라면
세상 낙오자가 되기 싫어
자식들 위하여 오늘도
행복한 여인처럼 하회탈을 써본다

여인의 하루

동녘이 밝기 전
두레박 첨벙첨벙
밥 짓기 위해 디딜방아 쿵덕쿵
흰 수건 머리 이고 호미질하는 아낙네
깊은 밤 다다다 울려 퍼지는 소리
고단한 여인 모자라는 잠 어찌할까

뜨락도 없는 집이 많은 요즘
옛날처럼 물 걱정 안 해도 되고
낙엽 쌓여도 눈비 내려도 무관심
밥은 전기밥솥
빨래는 세탁기
편한 세상이건만, 힘들다고 아우성

몽매한 무지

잔인한 사월의 이름을 가졌던
뿌연 황사, 황폐하게 변해버린
사막에 오아시스를 꿈꾸며
비구름 찾아 높이 날아오른다

눈앞에 안개가 끼였나
촉촉한 물방울 어디 가고
볼에 스치는 다른 느낌
불어오는 삭막한 바람
내 탓 마라, 몽매한 너희 탓

바람아,
이왕이면 우토 대신에
신선하고 상큼한 공기를 주렴

장 영 자

내게 시란?

평생 못 간 산
꿈으로만 무성하네
도마에 핀 곰팡이를 닦다가
계곡 바위에 핀 이끼 떠올리고
울던 아기 잠들면
풀벌레 소리 귓가에 맴도네
눈감고 떠오르는 생각
건져 올리는데
어떤 것은 잊혀지지 않고 남아
안개 자욱한 산을
조심스레 내딛는다

발표작품

- 이명(耳鳴)
- 짝사랑
- 고로쇠나무
- 옥수수
- 겨울 산수유
- 어머니
- 가현이

장영자

경북 영주 출생. 아호는 안초. 2014년 월간 『문학세계』(시) 등단. 중랑문학대학 제7기 졸업. 소정문학동인·문학세계문인회 회원. 염광여자중학교 교사 역임. 동인지 『수요일엔 파란장미를』 外 다수.

E-mail ; jangja530@hanmail.net

이명(耳鳴)

오래전부터 뿔소라가 밤낮으로
바람 소리를 내며 울고 있다
엄마가 그리워서
밤이면 그 소리, 더 높아만 간다
지구가 돌아가는가
개나리 꽃잎 벌어지는 소리인가

바람의 손들이 바람을 부른다
모래바람으로 빰을 친다

오늘도 내 귀에는 바람이 산다
바다에서 시작된 바람
바람이 어머니다
엄마
엄마아~
뿔소라 울음을 그친다

짝사랑

까치발로 팔 뻗어 벽을 탑니다
담쟁이,
끝까지 오르면
하늘에 뿌리를 내릴 수 있겠지요
앓는 소리 점점 커져 온 벽에 퍼집니다

끝까지 오른 담쟁이, 팔을 쭈욱 펴봅니다
허공,
기댈 벽이 없습니다
내려다보니 어지럽네요
슬픈 마음에 헛손질만 합니다

불어오는 바람에도
밀물처럼 일렁이는 마음,
겨우 붙잡고
실눈으로 푸른 그리움
그려봅니다, 담벼락에

고로쇠나무

잠이 덜 깬 이른 아침부터
내 가슴에 구멍을 뚫는다
마취도 하지 않고

눈물이 난다
깊은 상처를 내고는
껴안고 쓰다듬으며
사랑한다고 한다

눈물
흐르고
흘러 강을 이룬다
사랑한다는 그는 내 눈물을,
봄을 마신다

옥수수

겹으로 입은 옷을 벗겨도
흔들리지 않는 눈빛
환한 웃음
빛나는 이가 부럽다

삶는다
산골바람 냄새가 집안에 퍼진다

단단히 박힌 햇빛이 입안에 머물면
시 한 줄 쓰고 싶은
한여름

손끝으로
촘촘한 낱말을 헤아린다
톡
톡
톡

겨울 산수유

사는 게 춤이고 노래였을 때에는
눈물의 무게를 몰랐다
겨울비에 젖어 묵직해진
빨간 눈물들

떠나야 할 때 왜 못 떠나느냐고
찬바람이 몰아붙인다
우둘투둘 냉두드러기
긁지도 못하고 서 있는데

삼킬 수도 뱉을 수도 없는
나무, 울음
비워내야 겨울을 나지
이따금 찾아오는 새들만
한두 방울씩 거두어간다

겨울비에 떨고 있는 나무
하릴없이 기다린다, 노란 봄을

어머니

웅~ 웅
어머니가 운다

귀를 막고 달려
나무 속으로 들어간다
문을 잠근다
바람이 찾아와 그만 돌아가자 조른다
허공 가르는 바람 소리
나무를 뿌리째 뽑으려 한다
싸우고 화해하고
향기가 어떻게 바람을 거스르겠나
퍼런 서슬 없애고
붉게붉게 물들어야지
가슴 후비는 바람
창문을 두드린다
새도 깃들어 안식처가 되는데
이제 기대어 쉬시라 하고 싶다

해탈을 기다리는
슬픈 나무 정령

가현이

잠자는 얼굴을
가만히 들여다보면
참꽃 같은 밝은 뺨
웃는 듯 입술, 내 마음 절로 행복하다
너의 맥박 호흡 체온
경배한다

통통한 볼 손가락으로 만지니
움움 소리가 난다
맑고 큰 호숫가에 봄 꽃피는 소리
동굴에서 나는 끝없는 소리
나지막하게 울리는 마음의 소리
사랑해 아가야
사랑해

조그만 바람에도 허약해지지 않는
쉴 만한 그늘을 만들 수 있게
큰 나무가 되기를

조 성 희

내게 시란?

꿈꾸었던 시,
살아 움직이니
뿌리 찾아 떠나는 길
아직 불씨로 남아
꺼지지 않은 나의 시어
한 움큼 캐내는
아름다운 여정

발표작품

- 나와 시(詩)
- 길목에 서서
- 벚꽃 속으로
- 들러리
- 풍물시장
- 간절기
- 골절

조성희

대구 출생. 아호는 안형. 2012년 월간 『문학세계』(시) 등단. 중랑문학대학 제5기 졸업. 소정문학동인 사무간사, 한국문인협회 한국문학사편찬위원회 위원, 한국현대시인협회·중랑작가협회·문학세계문인회 회원. 2015년 중랑청소년 및 구민백일장 심사위원. 성균관대 섬유공학과 졸업. 동인지 『길목에서서』 外 다수.

E-mail ; jsh179@naver.com

나와 시(詩)

시를 다듬다 보면
제목부터 도무지 아니다 싶고
한 줄 문장도 시원찮아 답답하다
단어 찾아 사전을 뒤적뒤적
앉았다 일어섰다 괜스레 부산을 떨면
누구한테 얻어맞은 듯 온몸이 욱신거린다
시인들의 시집에는 기막히게 아름다운 언어들
별처럼 총총하건만……
—시심(詩心)은 하늘이 내리는 것인가
한계를 느끼는 순간, 무모한 도전이라 시름겨워도
—아직은 시작도 못 했잖아, 스스로를 다독인다
텔레비전 화면을 타고 흐르는
백마강 바라보며 한숨 돌리고
지리산, 속초항, 대진항도 그리움이어라
—나의 시심은 왜 이리 가난한가
다시 시를 찾아 떠나겠다고 빈 가슴 채우지만
예식장도 가야 하고 일기예보는 비 소식을 알린다
아무래도 내일 역시 오늘처럼 도망가는 시어를 부여잡고
안절부절못하는 하루가 될 듯하다
아, 나의 시는 어디에 있는가

길목에 서서

부지런히 길을 달리다가 앞을 본다
뒤에 서 있는 나,
고단함만 가득 부둥켜안은 일상의 길

그 길과 다른 길을 다시 가련다
꼭 가고 싶었지만 삶과 밀착되어 가보지 못한 길
지름길이 없는 그 길을 향해

신발 끈을 다시 묶고
어깨 짐 내려놓고
마음을 추스른다

불씨가 살아 있는 그곳에서
활활 타오르는 불꽃으로 피어나려
나는 지금 그 길목에 서 있다

벚꽃 속으로

꽃들이 웃으면
사람들도 저마다 향기에 젖는다
수줍은 하얀 꽃잎
줄지어 있어 더욱 다정하고
흩날리는 꽃잎
함박눈처럼 하늘하늘 내리면
나는 소복이 쌓인 꽃잎 위에
살포시 앉아
꽃 속으로 들어간다
향기에 젖은 시심(詩心)
꽃잎처럼 떠다니고
포근한 봄, 한겨울 눈
두 계절이 한몸 되어
내게 들어온다
순수로 가는 나의 봄날

들러리

음식 맛을 돋우는
양념은 주된 재료가 아닐지라도
모두에게 알맞게 간이 배도록
자신의 성질을 죽이고 버무려져
오감(五感)에 감동을 준다

나도 늘 이웃과 함께하는 생활에서
비록 주체가 아닐지언정
양념처럼 그들과 잘 버무려져
진한 삶의 맛을 우려내고 싶건만
조금씩 비껴가는 이기심에
스스로 그들과 거리를 두곤 한다

아, 나는 정녕
이웃에게 편안한
양념 같은 존재가 될 수는 없을까
비우지 못한 마음
오늘도 후회를 몰고 온다

풍물시장

자세히 들여다본다
숨어 있는 보물 찾아
찬찬히
아, 내가 여기 있었구나
한 귀퉁이 자리 잡은 헌 책방
한참을 기웃기웃
그곳이 잘 어울리는 내 모습
거울 보듯
다시 한번 나를 만난다

먼지 나는 헌 책들이
아쉬움과 함께
시간에 밀려
뒤로 뒤로 숨을지라도
꿈은 살아 움직이니
오래됨에서 새로움을 기대하며
찾으리라, 숨어 있는 보물을

간절기

삶이 시들해져
살아도 사는 것이 아니어서
써늘한 가슴속 바람이 일 때
울산 바위에 둘러싸인
한계령의 세찬 바람이 그립다
산 냄새로 휘감긴 민박집
윙윙대는 밤바람이 그리워
일렁이는 마음 잠재우지 못하는데
겨울은 능선 너머로 기운다

아직 떠나는 추위도
그리움으로 아쉬운데
훈기로 속삭이는 봄기운
대지의 용틀임으로 생명을 토하고
언덕을 휘감은 바람
나를 껴안고 옆자리 차지하니
아쉬운 미련은 바람에 실리고
시작의 두려움
뭉글뭉글 가슴으로 안긴다

골절

겨울 풍물시장,
조용하다 못해
황량하리라 여긴 나,
착각이었다
여기저기 고함과 아우성
삶을 향한 분주한 골목들
주말다운 와글거림에
변함없이 여상한
숨결 높은 현장이네

빙판 손목 골절에
마음까지 부러진 모양인가
냉기에 단단히 얼어붙어
나만 긴 겨울이었네
돌아오는 지하철

시상에 눈감으니
편협으로 고정된 실체
안일함에 빠져 시를 꿈꾸는
부끄러운 하루

ㅣ소정문학동인 초대詩ㅣ

앉은뱅이꽃

김경애 안실(시인)

월간 『문학세계』 등단. 중랑문학대학 제5기 졸업. 소정문학동인

아무도 가르쳐주지 않는다
무슨 이유로
이 자리에 내려앉은 것인지

본능처럼 꿈을 먹는다
먼 조상이 그래 왔듯이
미래로 이어가는
삶의 의미를

때를 기다린다
더 멀리, 더 많이
바람결에 흩날리는
비상의 꿈을

깨달음의 순간이다
시간을 견디며
저절로 알게 되는
앉은뱅이, 민들레
그 빛나는 존재 의미를

길 위에서

오미경 안항(시인)

월간 『문학세계』 등단. 중랑문학대학 제6기 졸업. 소정문학동인 이사

길을 걷다
밤새 뛰어내린 은행을
무심코 밟아, 깨어지는 소리 위에 내가 섰을 때
나무의 더운 숨이 팔딱거렸네
무른 살갗이 짓이겨져 길 위를 물들이는 동안
나뭇가지는 오래 흔들렸네
후끈 피워 낸 꽃이 아니어서
우두커니 서 있는 것으로 견뎌 냈던 날들
불쑥불쑥 허공이 들어설 때마다
매단 것들이 달그락거리며
흘러내리는 가슴을 아슬하게 잡아 주었네

지키고 싶은 것이 있으면
살고 싶어지는 것이라네
더 간절히 살고 싶어지는 것이라네
디딘 발에 힘을 주고 올려다본 하늘
나무의 가을이 활활 타고 있네
피가 돌기 시작하네

한여름, 숲에 눕다

원숙희 안향(동화작가·시인)

『월간문학』 등단. 중랑문학대학 제1기 졸업. 소정문학동인 감사

사랑을 받지 못해 서글픈 날에는
사랑을 잊지 못해 애달픈 날에는
숲을 이불 삼아 풀베개를 베고 누워요
지나가는 바람은 지나가게
몰려다니는 바람은 몰려다니게
그냥 그대로 놔둔 채
달은 어둠의 조각보 접어
지상에 빛을 심고
별들은 가난한 지붕에 박꽃
같은 등불 매다네요
아, 혈관에 떠도는 습관을 꺼내 보니
바람은 그저 바람이었고요
짭짭하게 나눈 사랑은
어느새 머나먼 남이었어요
이젠 따스한 숲에 귀를 여네요
풀벌레는 투명한 문장을 읽고
계곡물은 경건한 고독으로 흘러오네요
그·동·안 이 모두 봉합되네요

| 소정문학동인 유고詩 |

잃어버린 계절

강희선(1938. 7.~2016. 4.)
『문예한국』 등단. 중랑문학대학 제1기 졸업.

계절은
비닐하우스로부터 온다
계절에 앞서 오는 계절

누가 빠른 것을 아름답다고 하였는가
때도 없이 인위적인 것은
멋과 맛이 없어

저 멀리 지평선으로부터
절기에 묻어오는 알칼리성 식품들
거기에서 풍겨오는 향수의 낭만일까

문명을 따라가는 가슴속에는
순리를 바라는 또 하나의
마음이 있다

뒤바뀐 세월에
혼돈은 머물지만
자연은 자연 그대로가 좋다

—2008. 6. 20. 소정문학 통권 3호 발표.

황사의 꿈

안연수(1967. 12.~2014. 9.)
중랑문학대학 제7기 졸업.

버리고 버리고
가볍게 가볍게
바람에 몸을 싣는다
새로운 삶을 위해
동쪽으로 동쪽으로

끝없는 굴뚝
시커먼 연기
아, 무거워진다
온통 뒤엉켜
동쪽으로 동쪽으로

버리고 버리고
가볍게 가볍게
다시 사뿐히 솟아
동쪽으로 동쪽으로

아, 숲!
눈부신 새싹

살며시 내려앉아
새싹을 꿈꾸며
긴 잠에 빠진다

—2014. 6. 25. 소정문학창작실 발표.

“소정문학동인지”

2007. 01 _ 글이랑
2007. 02 _ 달팽이 길을 열다
2008. 03 _ 운문과 산문의 만남 · 1
2008. 04 _ 달팽이 날개를 펼치다
2009. 05 _ 운문과 산문의 만남 · 2
2009. 06 _ 달팽이, 날다
2010. 07 _ 운문과 산문의 만남 · 3
2011. 08 _ 수요일엔 파란장미를 · 1
2013. 09 _ 수요일엔 파란장미를 · 2
2014. 10 _ 詩와 散文이 흐르는 수요낭독 · 1
2014. 11 _ 詩와 散文이 흐르는 수요낭독 · 2
2014. 12 _ 詩와 散文이 흐르는 수요낭독 · 3
2014. 13 _ 詩와 散文이 흐르는 수요낭독 · 4
2015. 14 _ 詩와 散文이 흐르는 수요낭독 · 5
2015. 15 _ 詩가 흐르는 수요낭독 · 1
2015. 16 _ 詩가 흐르는 수요낭독 · 2
2016. 17 _ 詩가 흐르는 수요낭독 · 3
2016. 18 _ 詩가 흐르는 수요낭독 · 4
2016. 19 _ 아침 6시 58분 · 김옥희 外
2016. 20 _ 뜬구름 · 이임호 外
2017. 21 _ 나비 · 이규원 外
2017. 22 _ 꿈의 학교 · 김현숙 外
2017. 23 _ 길목에 서서 · 조성희 外
2017. 24 _ 박꽃 핀 달밤에 · 윤옥석 外

2018. 25 _ 폭설 · 문연자 外
2018. 26 _ 4월, 봄꽃 · 이종선 外
2018. 27 _ 마라도에서 · 이주숙 外
2018. 28 _ 그리움 조각 주우러 · 송명섭 外
2019. 29 _ 인연 · 배상삼 外
2019. 30 _ 진달래꽃 · 유성호 外
2019. 31 _ 담쟁이 벽화 · 이선희 外
2019. 32 _ 기다리다 보면 · 조성희 外
2019. 33 _ 강남 사거리 대나무 · 김현숙 外
2019. 34 _ 동인(同人) · 소정문학앤솔러지

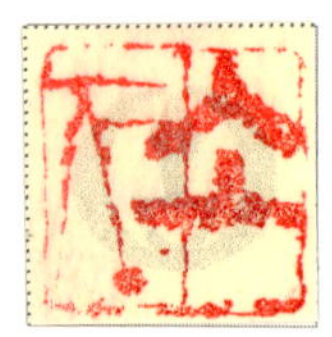

소정문학앤솔러지_ 동인(同人)

초판 인쇄 | 2020년 3월 10일
초판 발행 | 2020년 3월 15일

지 은 이 | 안재식 외
발 행 인 | 이광복
편집국장 | 김밝은

펴낸곳 | 사단법인 한국문인협회 月刊文學 출판부
주소 | 서울시 양천구 목동서로 225 대한민국예술인센터 1017호
전화 | 02-744-8046~7
팩스 | 02-743-5174
이메일 | klwa95@hanmail.net
등록 | 2011년 3월 11일 제2011-000081호
ISBN 978-89-6138-425-4 03810

값 15,000원

※ 이 책은 소정문학 창작지원금 일부를 받아 제작하였습니다.